熾愛如詩

88則／對愛與生命
最真摯的告白

李麗玉——著
(Emerald Lee)

作者序

這是一本我會陪著你閱讀的書。

每一則短文,都會有我特別錄製的雲端音頻 QRcode,它有可能是我的聲音為你的朗讀,也有可能因為音樂太美了而讓我想唱歌,我就會為你即席吟唱,而其中,也會安插我個人的幾張畫作局部圖,讓你在閱讀時,能感受到畫作的美,而心情愉悅。

在這忙碌又充滿壓力的社會中,適合多一些美麗的詩,多一些對於愛的感受。我希望藉由這本書中的情詩,讓人們更勇敢去愛,去把握每一次能讓你的心再次為他悸動的人;也希望藉由書中我對於生命的感動分享,讓人們也能看見它的希望及美麗之處,或值得感恩的時刻。

十多年前我因為對生命真理答案的強烈渴望,促使我一路的靈性之旅。我成為了療癒師,而它也讓我的畫作、吟唱、寫作,可以源源不絕地在無限之境中創作,我對我所有的作品所呈現滿溢的愛,總是會感恩淚流、只有滿滿的感謝。

每個人不論身分地位富貴,面對生老病死沒有一個人能避免。我這十年來治療過上千位心靈個案,讓我看到即使擁有一切的人們,也有無法避免的傷痛、也渴望愛。因此,我一直想寫一本書,讓它能成為一個支持,也成為一個希望。

最後,感恩生命這一趟至今,一路上引導我的導師、曾經出現在我生命中的人們,以及一直支持著我的家人們。我愛你們。

Emerold

李麗玉

Emerald

現任
- 希塔療癒導師／療癒師
- 畫家
- 心理諮商師

專業認證
- 國際專業希塔導師 -Theta Healing 美國官方認證：
  基礎 DNA、進階 DNA、深度挖掘、造物主與我、靈魂伴侶、內圈與我、豐盛顯化
- 國際專業希塔療癒師 -Theta Healing 美國官方認證：
  基礎 DNA、進階 DNA、深度挖掘、造物主與我、靈魂伴侶、內圈與我、豐盛顯化、
  IA（Intuitive Anatomy）直觀人體解析、DNA3
- 國家二級 心理諮商師認證 2011 年
- 臼井奧修新靈氣 三級認證 2009 年

專業服務經歷
- 療癒師個案經驗
- 心理諮商師
- 畫家
- 吟唱 個案療癒 工作坊與演出
- 量子轉化 個案多年經驗
- OH 卡 牌卡直覺解讀
- 靈擺治療／調整脈輪與能量

研習經歷
- 禪修／靜心冥想十多年
- 昆達里尼瑜珈 課程
- 療癒密碼 課程
- 願景課程
- 光的課程
- 水晶脈輪療癒／水晶球訊息解讀

- 德隆瓦洛的生命之花 課程
- 人類新操作系統創造顯化 課程
- 量子轉化 系列課程：
  一階（放下／重設／魔法／逆轉）
  二階（轉化／進階）
  三階（覺醒／進階／防護）
  四階（幻宙／超釋放／分靈體應用／現實複寫 - 時間魔法）
- 幾十年研讀的各類書籍：歐林、奧修、賽斯、量子物理、豐盛創造顯化……。

專長經歷

- 2012 年 5 月：美商甲骨文公司共 8 個月 - 員工每週靜心
- 2013 年 4 月～ 7 月：華山文創、愛純粹、心玉田、光中心共 8 場吟唱會
- 2013 年 5 月：吟唱 CD 出版 - 從心自由
- 2014 年 7 月 5 日：個展 - 千活藝術中心
- 2014 年 10 月：吟唱 - 老爺飯店 - 扶輪社
- 2014 年 8 月：個展 - 和慶商務中心
- 2014 年 11 月：個展 -Team 7 奧地利傢俱旗艦店
- 2014 年 9 月：個展 -KPLUS 堂娜造型設計店
- 2014 年～ 2019 年：吟唱療癒工作坊
- 2014 年 7 月：個展 - 千活藝術中心
- 2015 年 5 月：寄售 - 二空間畫廊
- 2016 年 5 月：吟唱會暨吟唱 CD 出版 - 天外之音
- 2016 年 11 月：聯展 - 國父紀念館
- 2016 年 11 月：寄售 - 茉莉 SPA 館
- 2017 年 5 月：聯展 - 中正紀念堂
- 2017 年 11 月：個展 - 藝聚空間芸品藝廊暨吟唱會
- 2018 年 5 月：聯展 - 中正紀念堂
- 2018 年 6 月：個展 -Pro Cutti 髮廊
- 2019 年 5 月：聯展 - 中正紀念堂
- 2019 年 7 月：二空間畫廊 - 吟唱會暨畫作特展
- 2020 年 4 月：個展 -James House 咖啡館
- 2020 年 6 月：聯展 - 中正紀念堂
- 2020 年 7 月：個展 -James House 咖啡館
- 2020 年 9 月：畫展 - 中時藝術博覽會
- 2021 年 12 月：個展 -James House 咖啡館
- 2022 年 1 月：寄售 - 叨 TAOU 餐酒館
- 2022 年 7 月 6 ～ 7 月 24：畫展 - 中正紀念堂

目　錄

· 本書所有音檔 QRcode 中使用的背景音樂版權，全部來自 Pixabay.com。
· 本書中以下頁數的照片版權，全部來自 Pixabay.com：P.14、P.22、P.28、P.32、P.35、P.36、P.38、P.42、P.44、P.48、
P.50、P.54、P.62、P.66、P.68、P.72、P.75、P.78、P.80、P.84、P.86、P.88、P.94、P.96、P.106、P.114、P.117、P.120、
P.122、P.126、P.130、P.132、P.134、P.140、P.153、P.154、P.156、P.160、P.162、P.164、P.166、P.170、P.172、P.174、
P.176、P.178、P.180、P.182。

這是一本可以用聽的療癒系創作文集，

作者用療癒的聲音朗讀、吟唱與畫作，

陪著你閱讀生命中的愛與感動之書。

遠遠地，
我就看見你了

愛的朗讀

遠遠地，我就看見你了。
那是一種感覺，一種彷彿早已熟悉的連結。

始終存在的線，拉近或放遠，
永遠無法在計畫之內，
而是彼此在心裡面，有沒有想要深烙下愛的痕。

戀人高興的，不是終能相遇，
他們早已在彼此裡面。

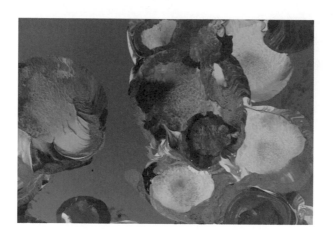

你問我
有多愛你？

即 席吟唱

你問我有多愛你？

它有時在星空中、有時在雲霧間，
有時它也會在詩篇的字句裡；
而我最愛將它化為流動的花海，
緩緩流到你懷裡，為你展開世間最美的綻放；
只為了一遍又一遍地，
讓你聆聽，
我為你而傾心的悸動。

我假裝閱讀，
腦中飄來晃去的，
都是你

愛的朗讀

我假裝閱讀，腦中飄來晃去的，都是你；
空氣中無限蔓延的，也是你。

思念太多，又沒有你的擁抱為出口；
愛如湧泉般在我內心翻滾，
再也沒辦法等待。

現在，我想要馬上投入你大海般的臂彎裡，
用我的髮絲拂過你的臉龐，
那張總能把我的心融化的臉龐。
再悄悄地留下一根我的細髮，
我想要你發現它，緩緩撿起，
然後，你知道了，
是我的愛，在愛著你的愛。

綻放內心
最純粹的那部份

愛的朗讀

綻放內心最純粹的那部份，需要先消融自己；
先明白了自己在宇宙之中，是如此的微不足道，
然後才能也同時看見了自己的無限。

我很喜歡愛蜜莉・狄金生的詩，
看到如此美的作品，我的心彷彿都會融化了：

「不是玫瑰，卻感覺自己盛開；
不是鳥兒，卻在乙太裡飛翔。」
　"No Rose, yet felt myself a bloom;
No Bird, yet rode in Ether."
　——愛蜜莉・狄金生 Emily Dickinson

生命的旅程
是如此的珍貴

生命的旅程是如此的珍貴，
目的是為了來燃燒我們靈魂的渴望，
若只是因為對於未知的害怕，
而阻礙我們去活出生命的熱情，
靈魂終將枯竭於恐懼。

如果我愛，我一定全心去愛。

我很喜歡
感受與思考

愛的朗讀

我很喜歡感受與思考,從文字、店家的細微擺設、音樂的旋律,一直到色彩與搭配、光影、人群,都可以讓我品味很久。我很愛真心地與人交流,比起表面應酬式地寒暄,我更偏愛把真實的感受表達出來。我也很享受慢慢去感覺,這對我來說就是當下之美。若快了,就很難深入心。

記得很多年前我去西藏時,有幾天我連續坐在大昭寺的廣場地面上,平常愛美的我,居然那時可以連坐三個小時,頂著西藏慣有的毒烈陽光與刺冷的風,只為了觀察那些五體投地跪拜的人們那虔誠的面容。

感動的時刻很多,其中有一幕讓我瞬間淚流:
那時有個老奶奶大概九十多歲,我看著她遠遠拄著拐杖很緩慢地走來,當她走到我正前方之後,便轉向了大昭寺。
我原本以為行動不便的她只是雙手合十朝拜神明而已,但沒想到,此時在我眼前彷彿時間靜止般,她開始以極為緩慢吃力的慢動作嘗試蹲下。我看著她花了好久時間才終於蹲下來,接著她緩慢地跪趴在地面,五體投地朝菩薩的大殿方向朝拜。

這時我才發現,我已經哽咽到淚流滿面了。那是怎樣的單純之心,才能造就西藏人們如此強大的信仰意志力?心靈的如此富足與完全交託,難怪那邊的人們臉上總是有如孩子般純淨的笑容。而我們,有多久沒有過燦爛的笑容了呢?

噓～別說，
別再說了

愛的朗讀

噓～別說，別再說了，
我知道你要告訴我的。

透過你的眼神，我已經不需要你任何言語。
靜靜地，我們這樣相愛就好，
誰～任誰也無法來打擾我們。

夜深了，睡吧，我們快來睡吧，
我要你，緊緊擁抱我，此刻，
因為明天，我將再次化為幻夢。

是的，夢吶，一切都只是夢而已。
但，我愛過你，我們深深愛過。

記得，別忘了，
我是多麼地、多麼地，深愛過你。

惟有先化為無我，
謙卑了自己

愛的朗讀

惟有先化為無我，謙卑了自己，
才有更廣闊的涵納。

我們每個人的本質，都是尊貴的神聖存有，
只是化為不同的角色，
各自演著自己想要的體驗。

沒有誰優於誰，也沒有誰卑於誰，
你我沒有不同，千萬別看輕了自己，
但也別覺得自己過於重要而無可替代。

所有的一切都來自夢境的創作，
包含你我。

真理，
從不需去遠處追尋

即席吟唱

真理，從不需去遠處追尋，
它一直都在寧靜之中，
但你必須先毀滅自己，
然後，成為真理。

生命總會透過事件
來教會你一些什麼

愛的朗讀

生命總會透過事件，來教會你一些什麼，而有時這些對當時的你來說，是痛苦的。也許你會想，為什麼生命要經歷這些痛苦傷心？其實是我們的靈魂彼此約定，而設定了一些事件，讓我們透過這些事件了解到：

你是否常常為了對方而委屈自己，以為愛對方就是要完全容忍配合，而忘了聆聽自己內心？所以你學會了要先珍愛自己、尊重自己，別人才可能會珍愛你、尊重你。你是否遺忘了珍惜感恩所擁有的，而視其為理所當然？所以在每次分別的時候，你學會了只要珍惜當下而不是永恆。

你是否對世間一切你所愛的人事物過於執著而無法放下？所以在失去的時候，你學會了「變」是無法違逆的宇宙法則，你越來越能更快放下，並堅信宇宙將帶領你前去更適合之處。

你是否以為你再也無法走下去，你的痛苦無助無人能幫？所以當你身邊的家人與朋友們在此時無條件地支持著你時，你才發現原來你擁有這麼多愛是你之前所沒發現的，而其實他們的愛一直在你身邊；所以痛苦傷心，伴隨著是愛與自我的覺醒，多麼美好的禮物。因此我常對別人說，這是一趟憶起愛，憶起自己的旅程。

真心去愛，
它永遠是昇華
自己靈魂的不二法門

愛的朗讀

真心去愛，
它永遠是昇華自己靈魂的不二法門。

因為一切，
始終都是來自於自己，
也終於自己。

永恆，永遠不是一段關係的目地，
每個曾經相愛的片刻，
都已經是如永恆般地閃耀。

思念的空氣
無垠起舞

思念的空氣無垠起舞，
飄去輕叩我愛人的門，
緩緩地替我傾訴著：

我想你了。
我要你的吻，我的愛。

吻我，用你的靈魂擁抱我，此刻。
我再也無法等待。

我的愛如浪潮湧舞，因為你；
我內心燃起的熱情火焰，因為你；
因為愛你，我的喜悅如血流遍全身；
因為愛你，我的生命被賦予了神聖。

我的愛，我的愛人吶～
你是我生命中最璀璨的相遇，
我將用純然的真心，只愛你。

「痛苦」，
需要被放下，
才能讓心自由

愛的朗讀

「痛苦」，需要被放下，才能讓心自由。
「愛」，也需要被放下，心才能再度敞開。

生命的經歷，總是那麼多采，不管它帶給的曾經是淚，還是歡笑，
由於它的交織，才能形成此刻絢麗的靈魂。

一切在生命中曾經烙下的，都需要被放下，
這一切就只是靈魂所欲經歷的一場夢境般的旅程。

當靈魂回歸的那一刻，
只需微笑地揮一揮手，輕鬆愉快地告別著：

感謝這些特別的生命體驗，
謝謝這一切曾經出現在生命中的。

我們本同於一，但又分別於獨一無二的呈現。
讓這世界多采多姿的，是來自我們所有的全體。
沒有你們，就沒有我存在的經歷，
沒有了我，就沒有你們前來的呼應。

我接納生命每一個的呈現，
如同我接納我自己的每個面向。
我們本來就是一體，
愛，從來就不曾分離過。

我想念著
你的微笑

愛的朗讀

我想念著你的微笑，
那裡有酒般地香醇迷人，
還有整片星空的燦爛。

我想念著你的聲音，
那裡有魔力般的音頻，
讓我無法遺漏你說出的每個字句。

我想念著你的雙眼，
唯有透過你的眼裡，
我才能真正看見我的靈魂。

我想念著與你共處的每刻，
唯有呼進那空氣，
我才能感覺活出了生命的熱情。

我愛著你，因為你的如此與眾不同。
我愛你，我愛你，而且，無法不愛。

我醉了，
在月色下
雙眸的凝視中

我醉了，在月色下雙眸的凝視中；
你情不自禁地吻著，那梧桐樹下倚著你的我。

我緩緩輕撫著你臉龐，彷彿時間凝固；
你指尖穿過了我的髮絲，宛若世間珍寶。

兩人緊緊地相擁，在寧靜的無垠裡，
誰都不想讓誰從彼此的懷裡離開。

品嚐著這世上最甜的蜜，我們擁吻著。

我在這裡，我一直
在這裡，從未離開過

愛的朗讀

我在這裡，我一直在這裡，從未離開過。
我始終都一直用我的愛，
默默地在這裡支持著你，從未間斷。

不管你是在為了生命中所必需經歷的成長而低泣；
或覺得自己沒有辦法每次都做到完美而沮喪；
也許暫時還找不到什麼能點燃自己生命的熱情而失落；
或因為愛的傷痕還在，而覺得自己再也沒有人能愛；
也許正經歷著生老病死，而覺得無能挽回生命中所失去的；
別難過，別害怕，也別太擔心，因為我在。

不管你曾經是什麼，曾經經歷過什麼，
我依然用著我對你全然的愛，
用我無條件的愛支持著你，
讓你知道你的靈魂有多美，
讓你知道你生命中所有的經歷，都是必要的過程。

不要輕忽內在的智慧，所安排的這些生命大戲，
經過了這些淬鍊，
你的靈魂會一次又一次地發著光，
訴說著它原本就具足的神聖與美好。

生命中永遠不需要後悔，或是早知道。
每段生命的歷程，都是你的心所引你去體驗，
點點滴滴的串連，才能成為更棒的你。
而所謂更棒的你，是你更真實地活著，
活出你靈魂璀璨的純淨光芒。

你的靈魂有多美，你絕對無法相信，
但我知道，我就是知道。

我好愛你，非常地，深深地，
並堅如磐石，不會動搖。

來找到我，
我要你尋找到我

愛的朗讀

來找到我，我要你尋找到我。

我等著你輕吻我、撫觸我，
燃起我內心熾熱的激情，
來喚醒我：
我們倆的每一刻，就是永恆。

而唯有愛你，
才能讓我的靈魂，直觸神聖的殿堂。

愛，始終會選擇
流動與滋養彼此

愛的朗讀

愛，始終會選擇流動與滋養彼此，
只是有些人默默放在心上，
有些人會選擇表達出來及行動。
愛的表達，始終是在擴展自己的心，
而我們總以為最重要的是「結果」。

對我們所愛的人，有沒有深刻地愛過，
是身而為人一種很美的經歷之一。
愛得深刻，裡面沒有控制，
所以當然沒有所謂的失去自由。

單純地愛著，是穿透外在直入靈魂面，
真理的奧祕在那等著。
我們以為給出去的愛，
但其實始終都是留在我們自己的內在。

如何編織下去我們的人生故事？
我會選擇繼續狂熱地愛著。

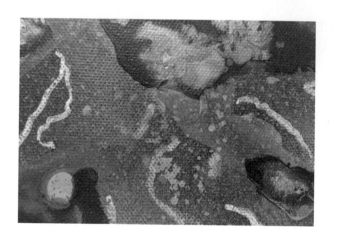

鳥兒從不為了
有沒有聽眾而唱

即 席吟唱

鳥兒從不為了有沒有聽眾而唱；
畫家是為了，超脫語言的內在感受而畫。

而在那裡，
只有無垠。

看著戶外的微風，
輕拂著路樹的枝葉

愛的朗讀

看著戶外的微風，輕拂著路樹的枝葉，
我突然想起了那次夢中的你。

你只是用著你的臉龐輕碰著我的，
如此而已。

輕輕地依偎的兩張臉，沒有任何言語，
也不需任何言語。

深刻地瞭解、支持、懂得、在，
全都在那麼美地輕觸中，
時間也凍結在那無垠裡。

原來你一直在，而我，也從沒離開。

活著，
是為了什麼？

活著，是為了什麼？我是為了感受愛的美好而活著。我常常會因為別人眼中的小事，感動至深而眼眶會泛淚，因為此時我內心充滿對所有一切深深的感恩。

走在街上，有時我會享受陰晴的天空，去感受我還能好好地呼吸的美好；我喜愛去感受風吹過我臉龐，偶爾也因為路邊花朵為我呈現的綻放而感動；我會因為聆聽到動人的音樂、或是看到書中的美麗的詞語而感動。

與我愛的人在一起，我喜歡深深地聆聽他話語的音頻、看著他眼中那個真實的他、帶著我全然的愛去感受我的手觸碰著他的肌膚、閉眼去專心享受電話中的他的聲音，這樣全心全意只會對我愛的人，所以我從不會遺憾我的每一段情感，每次也都能很容易放下。有人說是因為我感性，但其實是我的五感非常敏銳，這也是因為我想要深深地去感受這一趟難得的幻境旅程。

多年前靜心冥想已養成的習慣，讓我每天躺在床上閉眼準備入睡前，我都會先因為躺在舒服溫暖的床而覺得好幸福，然後閉眼冥想到生命中所有出現的人，以及所有生命的經歷，想到這一切我都充滿感恩的淚水，因為我是何其幸運能了解到真理，我感謝這一切造就了現在的我，雖然我不完美，但是我卻深愛並完全接納這樣的我。不管世界如何，我喜愛依然保持初心，真心活著。

我們總是在
高低起伏的經驗中
累積學習

愛的朗讀

我們總是在高低起伏的經驗中累積學習，
慢慢才能知曉生命的奧妙之處。

我們的每一步不管好與不好，都是如此的重要，
它淬鍊成了每一個現在的自己，
這些學習不是為了要讓我們變得更完美，
而是要讓我們更接近真實的自己。

不論你是什麼模樣、也不論你曾經做了什麼，
你都會接納全部的自己、
你依然會深深地、毫無條件地愛你自己。

我習慣將生命
所有的經歷

愛的朗讀

我習慣將生命所有的經歷，
都轉化為燦爛的笑容！
淚水歡笑都被涵蓋其中。

人生沒有別的捷徑，
把「過往」當成珍貴的教導，
帶著傻瓜般純真的希望跟熱情，
繼續往前走就對了！

不需要太在意別人的人生經驗而決定自己的方向，
只有你自己親身體驗過的才算，
也唯有你自己，
才能成為自己最終回歸真實的力量！

經歷了
風起雲湧

經歷了風起雲湧，看盡了人生百態，
回首時，恍然讚歎：

生命的所有呈現，皆在宇宙的精密循序裡；
所有的發生，皆在平衡之中。

來吧，
我的愛人

即 席吟唱

來吧，我的愛人！
我想與你相戀，在這夢的季節裡，
不想分開。

了解到
成為無限的恩典

愛的朗讀

了解到成為無限的恩典，
看見原本具足的，
也完整了愛本身。

所有高低起伏的人生，
每一個過程都是必需且珍貴的，
當最終看見了發光的自在，
你只會感恩，
所有的相遇與發生。

我
是我生命的主宰

愛的朗讀

我是我生命的主宰，
我決定我要的生命態度，
沒有任何人事物，
可以注入情緒於我，
除了我自己。

生命本來就不該受限，或懼怕太多，
因為所有力量都在我內在，而且早已存在。

我不受限於別人眼光的價值，
我只知道什麼是我想要的，
並依我的心，往前明確前進。

我這一生是為了體驗我自己而來，
我並不想要作個完美的我，
而只想經歷一個我想要的我。

我知道唯有透過每一次的經歷，
我才會看見我真正想要的。

越接近我自己真正想要的而活，
我對生命就越有熱情。
我才可能真正活著。

共舞的時刻

共舞的時刻，
我們，只有彼此。

那將是一個奇幻的時刻，
一個沒有任何人可以介入的時空。

如靜心般的兩顆心，
因感受而舞動，
形成了一個絕美的畫面，
是因為裡面，
只剩下純然的本質。

是什麼
困住了我們？

愛的朗讀

是什麼困住了我們？對未知的恐懼。
又是誰捆綁了我們？我們自己。

我們甘於安穩熟悉的現況，
而一直忽視的渴望與熱情，
就在身旁日夜敲擊著我們的靈魂，
直到你奮力跳向廣闊！

身上纏繞的，其實是自己對自己的限制，
對新的變動、新的關係的恐懼。

奮力掙脫自限與恐懼需要勇氣，
但那是一種對生命之流的本然信任。

而我們是生來體驗所有一切的渴望、
所有一切我們想體驗的。

你的任何選擇都是對的，
沒有一個存在是沒有價值的，
你的每個念頭都將被宇宙所圓滿。

我們都是自己夢境的造夢者！

在戀人們的
世界裡

愛的朗讀

在戀人們的世界裡，
時間，被融化了，不存在了；
距離，被愛戀黏合了，
兩人共處的片刻，在彼此的呼吸裡面，
都是永恆的閃耀。

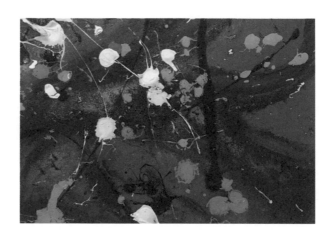

生命所有
種種經歷

愛的朗讀

生命所有種種經歷，只是在教會我們：
愛，才是生命中，最重要的。

讓心自在地悠遊於這場遊戲，
不被這場夢中的情節影響，
而受困於自己所創造的各種情緒。

不論此刻的你，曾經歷過什麼，
放下，才能往前走，
並好好地，再次去愛。

相愛的兩個人

相愛的兩個人，
在彼此的深愛凝視中，
找到了自己內心深處，
遺忘許久的心跳與悸動。

我們每個人本來就都有
自己獨特的想法與性格

愛的朗讀

我們每個人本來就都有自己獨特的想法與性格，本來每個人就不是完美的。在任何一段關係裡，要學會的是去接納彼此的不同，並隨時真實地說出來自己的感受。如果無法，何必勉強自己與對方在一起？在關係裡，當初觸動彼此的真心一旦不見了，是會難過的。因為畢竟彼此都有真心付出的時刻，這麼美好的曾經，我一向不會遺忘。

愛，它會是讓我留在任何關係的唯一目的。若愛沒有了，我就會立刻放下對方，然後勇敢爬起來再往前走。我堅信一定有人會把我的不完美當作是我獨特的標記，還會深深地愛我，而我也是會如此地對待他。

·任何的關係若是堅定真誠的，不會輕易因為這小小不完美而垮。通常它之所以會瓦解，那是因為「愛」早就不在了。而愛之所以消失了，它通常會是「理所當然」占據了「感恩」多一些，所以彼此的頻率不再如當初時的契合。

但這都是人性自然的存在現象，你我也都曾經會有這樣的片刻。所以我常常作感恩，我習慣將自己時時拉回最初滋養彼此的當下感受，這一直也是讓我擁有源源不絕的愛的來源！

我們都在生命中的「變與不變」之間在遊轉，經歷著任何人事物的變動。表達真實的自己時，誰也沒有被批判的必要。順著流去尋找每個當下與自己的心契合的頻率的一段關係。但也沒有絕對的「不再相見」，因為每個人在每一刻，也都會因為新的念頭的產生而轉變著。

在一起，是因為還愛著！

靜逸的咖啡店

 席吟唱

靜逸的咖啡店，
一杯手沖咖啡，
迷人的音樂，
享受我最愛的閱讀，
想著你。

愛，是生命
存在的目的

愛的朗讀

愛，是生命存在的目的。

你無法從內心匱乏的人尋求愛，
你只能先圓滿你對自己的愛。
當自己內在的愛是滿溢時，你只會想給予，
而最美的時刻是，對方是珍惜的。

我們在每一處尋找愛，
但終究找的，是我們自己。

人生中
很多看似不重要的發生

愛的朗讀

人生中很多看似不重要的發生，
卻是堆疊成此刻的我很重要的鏈。

若沒有這些經歷，就沒有此刻靈魂璀璨的我。

偶然？巧合？其實都是在秩序中被安排著發生。

所以我一向喜歡用真心，這簡單多了。

即使我有些不完美，
但我知道我的靈魂開心地笑著，
因為我跟它很近。

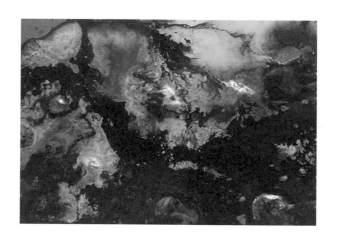

我超愛玩色彩的
變化與堆疊

愛 的朗讀

我超愛玩色彩的變化與堆疊,好像是在做化學實驗似的,
我總是不知道這些顏色會如何流動,
就如同你對人生永遠也不知道它下個變化會是什麼,
但其實它都只是宇宙呼應我們目前內在的信念所展現的。

每個經歷沒有所謂的好壞,
只有你要與不要而已。

生命
在於勇於創新、轉變

生命在於勇於創新、轉變，
太自滿、太安於現況，
將少了空間來承載宇宙更美的安排。

一首美妙的旋律，必有高低的音符，
如同人生面臨的低點，
必將是海闊天空將至。

我愛你，
我親愛的，
我的寶貝

愛的朗讀

我愛你，我親愛的，我的寶貝，
我用著我的全部愛著你，
我的血液，我的每個細胞都在愛著你，
你是我在這世界上的最美好，
你也是我在生命低潮時，支持我的最大力量，
即使燃燒的太陽也敵不過我內心對你愛的炙熱，
就算數億個銀河也裝不了我對你的愛之深，
光是想著你，想起你的模樣，
我的心，都可以瞬間甜了起來，
我的嘴角，自然地上揚開心笑著，
誰能擁有這般驚人魔力？
全世界就只有你，就只有我最愛的你。

我不管，我怎樣都不管，
這輩子，我都要這樣愛著你，
我都要一直這樣，毫不猶豫地愛著你，
我最親愛的，最寶貝的你。

怎麼說
這世界太複雜

怎麼說這世界太複雜？

複雜，往往是自己的「思緒」在作祟。

現在來開始先學習「簡單」的呼吸吧！
然後再來個「開心」地大叫大笑吧！

對！沒錯！就是現在「此刻」！
不然你說，還有什麼是「時間」的存在呢？

太無聊？不然你以為在這場「遊戲」有什麼使命嗎？
你以為我們是來幹嘛的？

我們是來開心地玩耍的！

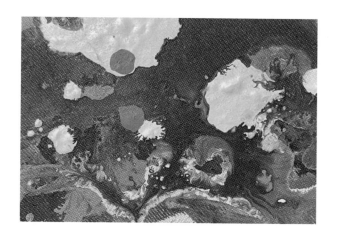

愛，是一個
很珍貴的時刻

愛的朗讀

愛，是一個很珍貴的時刻，
它能讓人超越頭腦、跨越現實，
進入內心宇宙般的無限空間裡，
燃燒著你所有細胞的動能，
呼吸著從未有過、最迷人的芬芳。

愛，是生命裡最美的部份。

我一向熱愛著音樂

愛的朗讀

我一向熱愛著音樂，
有時我會關上所有燈光，點上幾個燭台，
或躺在沙發上，輕閉雙眼，用著我的心，去品嚐著每一個旋律，
或隨曲緩緩舞動全身，感受我每個肢體的靈魂之舞。

尤其，當自己被某一首不經意的曲子所觸動時，
那種狂喜之深，我無法以言語來形容，
彷彿我整個人，連同每一個細胞深處，
都充滿了深深的愛的感動，以及對生命的敬意，
內在狂滿的愛，我恨不得想對全世界呼喊著：我愛你！

這麼多年來我沒辦法浪費每一刻我靈魂的渴望而活著，而我的呼
吸裡總帶著希望！

我常在想，生命的變化如此莫測，瞬間也許我就可能停止呼吸，
所以，我如何能再花時間，在那些已經在我眼中，是如此瑣碎的
煩惱？

我的好奇如孩童般地飢渴，每一刻我都在擷取奇幻生命中的美好，
也許是走在路上，我仰天望向天空的雲朵，
也許是我站在街旁的路樹，往上透過樹縫間，向上而望見的光影，
也許是我看見路上的行人，或開心，或憂愁，而行走在他們的道
路上，這些都足以觸動我的靈魂很深的感動與喜悅。

當眼光拉高了，視野寬廣了，心也寬了，放得更下了，
我的世界從此不再拘泥於小小的事物上，
而會在於我還能探索世界的有多少！
而每天，我只想感恩我目前擁有的有多少，
而失去的，代表我的生命已經經歷過了，也將不需要了，所以離去。

我能存在，就已經是一個充滿著愛的恩典！

誓言

即 席吟唱

我愛你。

我願意用我的生命，作為真心的誓言；
我想把永恆刻劃在，與你相印的靈魂裡。

我愛你。

越來越深入
生命的真相時

愛的朗讀

越來越深入生命的真相時，
這種領悟入心是在秒瞬間被喚醒。

原來，不需要一再區分彼此的高低，
原來，不需要去隱藏真心，
原來也沒有誰是對的，誰又是錯的，
原來外面什麼都不是，什麼都沒有。

只有內在的意識，所編製出的鏡像，
一次又一次地喚著你，
喚你看見每次外在的有限演出，
都是往內連結那個無限的脫殼機會。

我們長久被賦予了厚重的毛蟲虛殼，
千萬別，別讓自己漸漸不相信脫殼後能如蝶美麗飛舞。

是的，我願意！我願意！
我願意拋掉幻境裡的枷鎖，
並自在無限地遨遊在生命之河中！

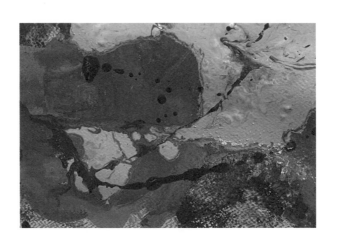

生命的美，
在你我的意念之間

愛的朗讀

生命的美，
在你我的意念之間，
在大自然的韻律中，
在宇宙銀河星際交疊裡。

我們來尋找自己，
在每一細微處，
看見神的造物之美，
並再次憶起自己。

多年來的中午，
始終是我的獨處時光

愛的朗讀

多年來的中午，始終是我的獨處時光。
一本書，一杯咖啡，一本筆記本，就能讓我享受獨處很久，
我愛死了能滋養靈魂深處的任何人事物。

透過閱讀，能讓我有更廣闊的思考；
而筆記，是我寫下所領悟的真理之跡、調整新的生命信念，
利用我所學到的創造工具，一步步去築建我靈魂渴望之路。

由於心念快速地擴展，所以常常有熟悉我的朋友說，
我的臉相、感覺，很快變得不太一樣了，整個人也越來越年輕。相
由心轉，真的十分有趣。

我對靈魂渴望追求的道路，所展現的意志力與毅力也很少人有。

我相信希望，我相信愛，我相信宇宙法則時刻在呼應我們的內在信
念，所有一切起因於自己的生命信念，而外在只是鏡相的呈現於你。

我自己常常使用我多年所學的方法、工具，去移除因為某些事件我
被影響的情緒，讓我自己快速回到內在通透的明亮心情。

所以我生命字典裡面，沒有後悔、遺憾、怨恨、憤怒、不甘心，
受害者也從不是我想留下的角色，而我唯有留下的是，愛。

謝謝所有一切帶著愛的生命教導。

愛，
它直接看入本質面

愛的朗讀

愛，它直接看入本質面，
所以不會分別彼此的不同，也從不作批判，
能包納所有的二元對立，能溶解恨。

愛，是一把鑰匙，
開啟心，而更敞開地尊重一切，
而開始去感受，並真正活著！

我的信仰，始終都只有愛！

生命經歷中的
每一個蹤跡

愛的朗讀

生命經歷中的每一個蹤跡，
都是串連著拼圖的必經道路；
愛始終會引領著你，
走到每個人都將至的那一刻知曉。

也許現在的你
正在經歷生命的低潮

愛的朗讀

也許現在的你正在經歷生命的低潮，
但我告訴你，
一切都會過去的。

當你理解這是來自勇敢的你，你的靈魂選擇體驗它來讓你成長，
你會開始面對所發生的事情，而不會再怨天、怨別人、甚至責怪自己。

而由於你是來自造物主的創造，祂也有給予你創造的能力。
所以一旦你決定放下「無法接受所發生」的情緒，
當你願意接受這一切發生都是在呼應你潛意識信念的精密安排，
當你放下情緒後並接受了「現在的我完全沒問題」的那一瞬間，
你就能馬上回到你明晰的內在力量。
你會相信任何發生，你都能面對它並走過去的。

而當真正領悟了「你是誰」，
你就會知道，
你絕對能創造你要的任何新體驗。

萬事萬物的發生

即 席吟唱

萬事萬物的發生，必遵循奧祕的軌跡所安排，
最終你才會知道發生的背後，
帶著什麼樣喚醒靈魂的驚人禮物。

過程也許會痛苦，但信任會帶你通破其境，
盡頭必將是璀璨的靈魂等待與你相遇。

愛，是這世界上
最美的一個字

愛，是這世界上最美的一個字，
不論它是在什麼樣的關係裡；
所有的曾經交流、相遇，
都是那麼地美好。

今天，聽著自己吟唱的 CD。
突然間，因為吟唱旋律與聲音的美，
被觸動到感動不已的我，潸然淚下好幾分鐘。

回憶一幕幕地快速翻閱，
畫面帶出了在我生命中所有的人，
不斷地湧出感動的淚水，在我整個臉。
它讓我再次看見了，這些人，
一個個都是為了我而存在或離去；
不論是什麼形式的互動，
都是在教會我愛。

此時，我只能以熱淚盈眶，
來表達我對整個生命的感謝與愛：

我感動萬分著現在的自己，
在每次事件的發生時，

能因為看見了自己的情緒與感受，
去珍惜這往內觀照自己更深處的機會，
而不再是指向他人；
能因為理解一切的呈現，
都是內在意識所顯化的，
而一次次去瓦解了劇情，也瓦解了自己。

轉化成翩然飛舞的自在，
讓每一刻的交流都越來越珍貴。

大自然總是幽幽地
以它最直接的方式整理

愛的朗讀

大自然總是幽幽地以它最直接的方式整理，
樹葉的枯落，到來的是盎然的綠葉，
黯淡的烏雲過後，即將是雲層散盡的陽光，
每個畫面都有它極致的美麗，存在的韻律又都是那麼地不需刻意。

身而為人的經歷，也是那麼地令人感動至極，
面貌形體根本不需被誰定義，那都是屬於個別獨特的印記，
即使在年紀越增，面容所形成的皺紋，道道都是動人的閱歷。

每個人都是那麼美好地呈現他獨特的生命經歷，
也都在屬於自己的步調節奏裡，持續著生命的探索，
誰也沒有優於誰，誰也沒有必要被誰評斷。

在每個生命階段的外在呈現，也完全被「愛」所支持著，
快與慢不再被需要，因為也只有「當下」，時間根本不存在，
也沒有「什麼」是無法放下的，因為根本沒有「什麼」的存在。

還有最美的是，若是你知道，
你已經是那，你所追尋的真理，
它也在萬事萬物裡，每個人裡，
都是那奧祕本身。

奇蹟不再需要求誰給予，
每個人的存在，就是奇蹟所在。

甚至連呼吸，都是值得令人慢慢地品味。

我親愛的你，
你今天好嗎？

愛的朗讀

我親愛的你，你今天好嗎？
我今天很好，雖然身邊沒有你。

我能自在開心地享受獨處，
但我卻控制不了在我腦海裡，
時而突然出現的你，連呼吸都是你。

你的表情，你的笑容，你的聲音，
已經烙入了我最深的心扉裡，
細細地用我的靈魂呵護著，
永遠永遠也不想把它忘記。

昨晚雖然夢見了你，
我覺得還不夠，還不夠，
我渴望再見到你。

我的眼，是為了要看你，
我的耳，是為了要聽你的一字一句，
與你共處的每一刻，
彷彿只有我和你在宇宙裡，
所有一切都完全消融無遺。
你，是我願意用全世界來換取！

115

生命的經歷，
是一連串的無法預期

愛的朗讀

生命的經歷，是一連串的無法預期。
即使你自認為做了萬全的規劃，
有些人事物的發生，
還是會遺漏在你的精算裡。

你唯一可以做到的是，
在自己的內心深處，
穩定如山對人生的信心，
與大海般地廣納，每個人的不同選擇。

過往的千帆，不管好與不好，
它們只是一艘艘，
呼應你每個當下的內在，
你的想要與不想要，
所演出的絕美航行。

再美好、再艱難、再如何痛過，
看著，看著，終究會過去的，
件件都是會過去的景緻。

不留遺憾地去愛、去活著，
不帶批判地去表達你一直想說的，

不帶恐懼地去做你一直想體驗的，
需要不畏懼他人眼光的勇氣，
但每次依循著心的擴展，
你會越貼近你的靈魂光芒。

對於觸動我靈魂的愛情，我勇敢去愛，
對於所有我愛的家人朋友，我勇敢表達愛，
對於我熱愛的吟唱、繪畫、舞蹈、寫作，
我願意為它們燃燒我的熱情與愛的火焰，
直到生命的盡頭。

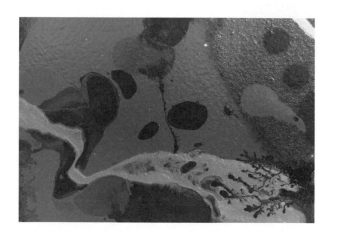

嘰嘰喳喳

嘰嘰喳喳，嘰嘰喳喳，他們的一堆嘴巴，
嘰嘰喳喳，嘰嘰喳喳，一堆東南西北的哈拉：
「誰偷了誰的心？誰又搶了誰的情？
誰不愛了誰？誰又被誰真心？」

「哎呀！」一個聲音大叫起，
原來一路講得太起勁，
忘了抬頭看見，天陰、雨已起，
嘩啦啦地澆熄所有的劇情，
聲音全滅啦～人也全沒啦～
一絲不留！

這才驚覺，
剛剛一直在別人的劇情裡，
我也忙著參夥兒演戲。

緩緩地～
你朝著我走來

即 席吟唱

緩緩地～你朝著我走來；
你的目光彷彿只有我，臉上盡是笑意。
我伸出了手，你緩緩地牽起，
我們就這麼緊緊地握著，一點兒也不想放開。
就這樣，
我們笑著、走著，在月光下，
並沒有特別要去的地方。

突然間你停了下來，叫我看往天空，
滿天的星星佈滿了夜空，璀璨如鑽；
我仰望著臉，輕喚著：「好美吶……」
你低下頭，深情望著我。

於是～
你的唇緩緩地，覆蓋了我的。

每當我對生命感恩，
對一切的發生感恩

愛的朗讀

每當我對生命感恩，對一切的發生感恩，
愛，就在我內心自然生成，
愛，以無盡的語言，驚人又內蘊地湧動蔓延，
感動的淚，開始盈滿我眼眶。

那是一種了解：對生命體驗中的虛實；
也是一種接受：所遇見的，就是該遇見的。

一切的發生，接受如它所是；
放下所有好與不好的情緒自我糾纏。

每件人事物的相遇，都是靈魂的約定，
我們所有都只是如幻的演員，
也只是因應劇本所演出而已。

感謝我自己，
讓我臉上的璀璨笑容，更加純粹。

我熱愛的事物很多，
閱讀是其一

愛的朗讀

我熱愛的事物很多，閱讀是其一。

每次出門，我一定要帶著一兩本愛書，
找個安靜的咖啡廳，享受那個獨處的閱讀時刻。

閱讀之於我，它滋養我的深度，
是靈魂深處的滿足、
是生命信念的一個個解鎖、
是真理的一小片一小片拼圖答案、
或是一個讓我看完大笑的很簡單開心情緒而已。

我常覺得閱讀是一個很奇妙的時刻，
有時透過書籍中的某些文字，它變成了是一個提醒我的導師；
讓我常能重整我的信念、擴展我的思考；
有時它能讓喚醒我內在力量，讓我身體彷彿被支持著似地，
又充滿了燃料能再次前進。

生命翩然地，
翻過每個日出日落

愛的朗讀

生命翩然地，翻過每個日出日落，
我又不經意地，哼起一首叫作「你」的嫣然樂曲，
啜飲著那些我們兩人曾經的相擁畫面，
融化在你那深情直直看入我靈魂的雙眼裡，
彷彿世界只有我跟你的旋律，此刻開始無限地迴蕩起。

終於，我覺得夠了，已經足夠了，
我應該將它們壓入我靈魂最珍貴的深處中，
不要被發現，也不想再發現，
這次，我把它緊緊地鎖上，發誓一定不要去開啟。

忽然間，鬧鐘晨喚的鈴聲，響了好大的一聲，
我最後被狠狠地驚醒，
才發現，這一切原來都是在夢裡，
回憶是夢、深情是夢、想念是夢，
就連你，也是幻影。

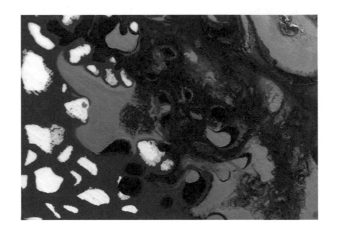

我們內在的情緒、
信念、想法

我們內在的情緒、信念、想法，無時無刻都在顯化成為實相，
你內在是什麼樣的信念狀態，就會吸引同頻率的人事物出現在生命中。

雖然很多時候我們自己不相信自己怎麼可能創造了我們所不要的事件，
但宇宙的確是一直呼應著我們的情緒及潛意識的信念，這也就是吸
引力法則的運作。

事件的發生只是提醒，它是來讓我們看見，原來我們內在還殘留著
哪些信念、情緒，我們是否因為偏離了自己的真實與心所渴望的，
而阻礙著自己通往我們想要的方向。

不再添加「情緒」進入自己所編製的人生故事情節裡面，是較快速
的通關方法。

收穫是，自己在繼續面臨這趟旅程時，會越來越具備勇氣，而且變
得更強大，知道我們每一次，一定都可以過去的！

呼～天好冷吶

愛的朗讀

呼～天好冷吶！
我奔跑在街上，有種莫名的快意。
刺冷的風搗亂地吹散我的髮，
內心「哇」了幾聲尖叫，我開始邊走邊唱歌。

這時冷天慣有的想念，
如賊般地包圍了整個我，
思緒被懸而輕飄，仿若天使般展翅，
準備飛入回憶的霧團裡，
羽毛化成了陣陣飄雪，
掉落的每一處都是思念。

距離無法阻隔曾有的觸動，
因為連結的始終是你我的靈魂。
當時的回憶雖早已被刻成詩篇，
但我想把它們吟誦成一篇篇幸福，
而無垠的空氣是我對你的想念。

若可以，我想再一次，
如棉花糖般地甜膩，
融入你熾熱迎接我的臂膀裡。

爸爸去世也滿
一年了

愛的朗讀

爸爸去世也滿一年了，記得在他病危昏迷而不知道能不能被救活時，
我叫每個家人都來加護病房對他說話，我認為他即使昏迷，但他還
是能聽見。

我叫大家一定要告訴他，我們有多愛他，謝謝他對我們的愛、
謝謝他從小到大對我們的照顧，並跟他說如果這次他真的累了、
真的想走了，請他放下牽掛、安心離去。

好好地道別，讓我們家人也沒有什麼遺憾了。

記得我爸爸生前最愛我幫他做能量刮頭部與肩頸的經絡，
每次他都會瞇起眼睛很享受的樣子，然後滿足地說：啊～整個人好
輕鬆啊～

或是我用能量吟唱幫他與媽媽兩人療癒時，他每次都能聆聽完，
還躺著不想起來，繼續享受全身被能量疏通的平靜。
我非常感恩能走上能量療癒這條道路，它讓我的生命記錄了無數充
滿愛的感動。

而愛，就這麼一次次地剝除了人們的防備，
直接喚醒靈魂、
訴說著我們每個人的本質有多美。

我愛你，我覺得是
生命中最美的三個字

即席吟唱

我愛你，覺得是生命中最美的三個字，不論是在親情、友誼、愛情中。

不習慣的人，誤解為濫情，但能真正感受到的人，它變成了一種連結，是兩顆珍惜的真心。

收到了，請如珍寶地捧在手心，呵護；
遇見了，請好好甜入心中，不捨遺忘。

我愛你。

繁星，總在絢麗的
太陽落下

愛的朗讀

繁星，總在絢麗的太陽落下，
暗夜的黑幕拉起，才能被看見。
但其實，它一直都在。

我們每個人的內在，都是繁星如鑽，美得無與倫比，
不管你經歷了什麼，你現在是什麼，
它不曾被改變，也不可能被改變。
你只要，相信你是無限，不需別人來評斷，
相信你的璀璨，不需別人來點亮，
相信你的每段生命經歷，全部都是具有重要的意義，
都是讓你看見你要的是什麼。

信任你的內心感覺去走，
別害怕你會做錯決定，別害怕你不能，
我們來這裡，是為了經歷所有你想經歷的，
而不是來活在擔心害怕悔恨漫罵之中。

哭過痛過，也會有開心狂喜的時刻，
這全是人生最美妙的體驗，
不需要停在傷痛的過去或美好的回憶裡，
而錯過目前身邊最美的人事物。這些全都是為了你而存在。

是的，所有一切都是為了你而存在，為了你，只是為你。

在我生命中與任何
人事物的彼此遇見

愛的朗讀

在我生命中與任何人事物的彼此遇見，
即使裡面曾有某些功課讓我學習，
但最終我會回到自己身上，去看見它要我學會或看見了什麼？

它是我內在的細胞信念呼喚了什麼共振？
也許是一種共同的信念？或是相反的信念？
最終，我很愛把彼此曾經的美好，都印在我的細胞裡，並且感恩。

愛的「給予與接收」若是平衡的，這種流動將會非常美好，
它總能直觸我們的本質，
喚醒我們內在原本就具足的那種源源不絕、純粹之心。

終究有一天
我會奔向奧祕

即 席吟唱

終究有一天我會奔向奧祕，
但在那之前，我想要好好地愛你。

我想不留縫隙地看著你好幾百萬遍，
細細地聽你講出的每一個字，每一句話，
再把它們都記在我的細胞裡。

然後，那一天到來，我會開心滿足地說：
我曾經這麼深愛過你！

愛情
最美的那依戀

愛情最美的那依戀，
是情人的暖暖笑意，兩人相擁的溫度，
以及每個剎那之間，看入彼此靈魂深處的眼神，
這些點點滴滴美麗的印記，
全都將如詩歌般地被寫入永恆裡面。

情人如鑽般的燦笑，
只為愛人而綻放最極致的光芒；
無暇顧及周邊是什麼景色，
只有彼此是此刻眼裡唯一的絕美；
周遭的人們，會如墨水暈染般，模糊地化開了，
情人說話的聲音，成了世界最美的樂音；
兩人可以契合地徹夜常談，
有時也能夠不需要任何言語，因為此刻溝通的是靈魂；
愛情的酵素，神奇地發酵成了魔法，
擁有了所愛的人，就彷彿擁有了全世界。

在美麗的愛戀裡，
那純粹的，將嵌入心扉，
那不純粹的，都會溶解。

你問我在哪裡，
怎麼此刻不在你懷裡？

你問我在哪裡，怎麼此刻不在你懷裡？

我說，我從來就沒離開過你；
你聽聽那雨聲，是相思正打落在屋簷，
滴滴答答地說著「我想你」。

我也在風裡，飄呀飄去輕撫你的臉，
一遍又一遍地只想輕吻你。

抬頭再看看那豔陽，是熾熱如我狂愛你的心，
正擁抱著你的肌膚、
融化你那禁錮已久、心的枷鎖。

愛的印記早已刻劃在靈魂裡，
但憶起，卻在敢愛的勇氣裡。

既然此刻我憶起了你，
即使透過任何方式，我也要傳達，
我是如何地愛你。

嗨～我在這裡，我還在這裡

愛的朗讀

嗨～我在這裡，我還在這裡，
你那裡，現在如何呢？

今天的這裡啊，又冷又凍，
還飄著一陣陣我覺得浪漫的雨。

我蜷曲在椅子上，欣賞了幾部電影，
看著看著影片人物的愛恨情愁，
好奇地想著是不是有個真正的我，
也在觀賞我演的人生劇情？

累了鑽進被窩，我貪婪地窩了再窩，
卻被不時忽然飄來的你，
在我思緒的門上，高音低音地敲啊敲。

是你，這時在想我了嗎？

是哪些美好的畫面，被定格在你的回憶裡？
我的聲音、笑容嗎？我說的哪些話語呢？
還是在我們彼此沒有言語時，
那些時空靜止的瞭解裡？

想著想著，天空偷偷地拉下了夜晚的黑幕，
我想我該睡了，我該來睡啦，
也許在夢境裡，會甜甜地看見你，
那個朝著我緩緩地走過來的你，
那個看著我的眼的你。

愛情的詩歌

即席吟唱

愛情的詩歌，流頌著那些觸動靈魂的扉頁，
也許有著用盡生命的狂愛著，
或者最終是遺憾嘆息。

但愛與不愛，
是生命中最自然的人性部份，
因為它的引領，始終是自己的心。

永遠也不要放棄，去勇敢追尋你的愛；
也要如捧在掌上像珍寶般地珍惜著，目前你所愛的。

我永遠都記得那天

愛的朗讀

我永遠都記得那天，那個場景，那個你，還有那話語……。當時的你彷彿在宣告似的，一直怕我遺忘，一直提醒著我，而且重複說了好幾次：

「以後有一天，你會把我忘記。
但是，即使你把我忘了，也沒有關係，
只要你有任何需要，我一定會排除萬難，來到你的身邊。」

我莫名地聽著你的話語，但滿臉盡是淚水，而且無法抑制，
因為我感受到那話語裡的愛，是那麼深，
那麼全然，那麼無條件，那麼地無怨無悔。
因為我從來都不知道，我是如此地珍貴，能如此地被深愛。
它從此成為我生命中很重要的一個畫面。
在我面臨生命低谷時，它也成為滋養我靈魂的力量。

後來，我真的也看見了，
有時你在微風中，在花草樹木裡，
又有時你會在人群中，或是在美好的樂音裡，
你有時會幻化成雲，讓我記得抬頭尋找你，
你有時會藏在書本字句中，讓我有機會去觸碰你。
你的愛始終一直守護在我的身邊，不離不棄。

我已經知道，你有多深愛我，我有多深愛你，
所以我透過繪畫、我的吟唱、我的話語、我的字句，

把這愛，這用言語的頻率無法形容的愛，給傳達出去。

唯有愛，才是生命中最重要的，
其他的，都是尋找愛，看見愛的過程。
意識創造了宇宙，建構了世界，而整個宇宙意識，就是愛。
沒有一處不被愛所包融。

我愛你。

我常常做感恩，
為了目前我所擁有的，
為了我曾經所擁有過的

愛的朗讀

我常常做感恩，
為了目前我所擁有的，為了我曾經所擁有過的；
為了生命如此的美好，
在我經歷了這麼多的高低起伏，我仍舊懷抱著希望！
為了我如此有幸，能理解到生命的真相！
每次做感恩，我都會流下感動的眼淚。

每天，我能因為迎面而來的徐徐微風，
感覺著它慢慢地輕撫過我的皮膚，
幸福就這麼穿透到我全身的細胞裡；

每天，我能因為烈日的照射，
感覺著它大剌剌地微刺我的皮膚，
活著的感動，紮實地流過我的全身。

每天，我喜歡往路旁的樹木向天空望去，
看見隱藏在樹葉縫隙裡，
有著寶物如鑽閃閃發亮。

每天，我喜歡在度過馬路等待紅綠燈的片刻，
往車道街面整片連著天空望去，
看見我未來的道路寬廣無邊。

我這一生，有著太多的感激，
因為這一切的存在，因為所有的發生，
因為這些我愛過的人，因為那些愛過我的人。

我的愛，我收到的愛，我愛著。

你不是為了要成為
別人眼中的自己而來

愛的朗讀

你不是為了要成為別人眼中的自己而來,你是為了體驗自己而來。
所有的體驗,只是生命經歷的累積,裡面沒有好與不好。

造物主眼中的你,永遠如孩子般地美好。
你只需成為真實,不需成為完美。

祂對你只有全然的接納,
而沒有絲毫批判。

即使在生命的路途中,
跌倒而弄髒了自己,
你,依然來自神聖。

我們要勇於
不受限地去做夢

愛的朗讀

我們要勇於不受限地去做夢，
也始終都要懷抱著希望。

隨時忠於自己內在的聲音與熱情，
去探索生命中的任何可能性。
不要讓任何人、任何事，
去決定你是誰或你將成為誰。

那些會對你的夢想批判或否定的人，
是因為他們自己做不到、
是因為他們沒有你所擁有的特質。

勇於成為獨特、勇於成為真實，
但不需要追求完美。

誰都無法阻擋「你將成為的人」！

哲學家詩人
Mark Nepo

即席吟唱

哲學家詩人 Mark Nepo 的《每一天的覺醒 The book of Awakening》這本書，我對它愛不釋手，閱讀到書皮都爛了，還特別跑去買他的英文原文書來看，而裡面有段很美的句子：

「想著我愛你，夢就醒了，
說出我愛你，生命就開始了，
用愛去擁抱，喜樂如血液流動。」
"The dream is awakened when thinking I love you,
And life begins when saying I love you,
And joy moves like blood when embracing someone with love."
── by Mark Nepo〈告白與擁抱 To speak and embrace〉

有時看見
年輕人的愛

愛的朗讀

有時看見年輕人的愛，直接坦白、愛得熾熱，不太像漸漸長大的大人，有時容易參雜著以往曾經受傷或不好的經驗、顧忌、限制、考慮，而沒辦法純粹地敞開真心、勇敢不懼怕地去愛。

但每一次你遇到的人都是獨一無二的個性，若用以往在感情上曾經受傷或不好的經驗，來衡量每一次遇到的人，很難會有輕鬆開放的態度面對新的情感，而沒辦法單純地只用你的心去感覺你跟對方在一起時，是不是契合又開心的互動？

而一份互相契合的愛，也就是當你真正愛上一個人時，很自然地你就會很想緊緊抱他，狂熱地吻他；講話時，只有彼此用心聆聽的凝視；走在每一處都想五指緊牽著對方；不能在一起的時候，你會想著對方此刻在做什麼；思念對方太多時，會很想聽到對方的聲音。

整個人會感覺好像又活起來了、彷彿你的心又年輕了起來！那是因為你正傾聽你的心，沒有猶豫地去愛。

在我的生命中，一旦遇到喜歡的人，我都會敞開真心，勇敢地、全然地去愛，那會讓我感覺真正活著！我就是想要活在當下好好地愛著，不留任何遺憾！

當我還能呼吸的每一刻，我就是想要好好地愛你！

我想你了，
我想要吻你了

我想你了，我想要吻你了。

當我的唇，印上了你的，便成了真理之印；
它那純粹的愛，能敞開彼此的真心，
讓理智的侷限，被溶解，
而真實的情感，將重生。

吻，是通往心的道路，
愛，是開啟真理之鑰。

見山是山

「見山是山」，
是因為我們遺忘了我們是誰，
以為這一切都是真實的，
而深陷入劇本裡。

「見山不是山」，
是我們理解了我們是誰，
也知道了這一切都只是自己的意識所專注而讓粒子塌縮，
所形成的物質投影。

「見山又是山」，
是我們已經理解了宇宙真相，
所以不會再讓情緒過於陷入劇本中。
然後活在當下，
繼續玩完這場有遊戲規則的虛擬地球劇本。

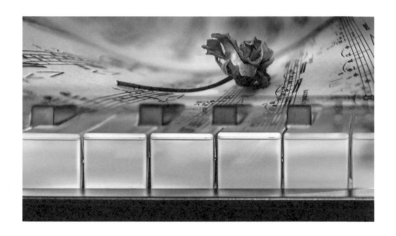

生命的各種經歷，
淬鍊了靈魂的深度

愛的朗讀

生命的各種經歷，淬鍊了靈魂的深度。

學習勇敢地接納生命中的悲歡離合，
放下曾經的歡樂與輝煌、傷痛與低落，
才能涵納「此刻」更多的恩典。

享受當下在你生命中出現的人事物，
好好地且完整地去愛、
去擁抱新事物、去吶喊、
去活出生命的熱情。

放下心中評斷與批判的尺，
學習尊重彼此的不同，
也學習去看見對方表面的言行之下，藏在內心深處的愛。

始終讓真實的情感
自然地流動

愛的朗讀

始終讓真實的情感自然地流動，
那是重燃內心即將被熄滅的愛，唯一的途徑。
對於我們生命中曾經愛過的人，
深深地、全心全意地、真心狂熱地愛過，
並在每次的分離，認真去思考原因所在，
而非一昧地傷心、憤怒、留戀、
甚而批判自己或對方，
而是以情緒的快速清理、穩定自己為首要，
那會讓自己更加瞭解，
自己真正想要的是什麼樣的伴侶關係。

而唯有願意敞開自我的愛、真心的交流，
彼此才可能擁有一份深度的心靈交融，
而且它將會是一種平衡地、互相尊重、
全然地信任關係。

單獨，雖然自由自在，
但若能擁有一份契合的愛，
會彷彿在生命中多了一個無窮的力量，
互相彼此支持著去面對世界。

一旦撥動了弦，
便無法停止樂音

一旦撥動了弦，便無法停止樂音，
我們於是被迫彈奏起屬於自己的曲調：
高亢的音律、夾雜著低落的盤旋，
它緩和了一成不變的平律。

生命的軌跡呈現的跳躍式切換，
在每個當下的畫面，
鏡頭前的演員們演繹著：
於是，我們開始愛著、我們也開始痛著；
我們有時怒吼、或有時我們狂喜；
我們學會哭泣、但我們也學會平靜。

那無盡、那無盡啊～
你總愛把這一切夾雜，
像三明治般地層層堆疊，
你感覺可口美味？但我可是深在其中！

不了、我不再要了、我不再作你操縱的玩偶！
你的詭計已漸漸被識破！
現在我要先自得其樂！

雖然，仍舊還要繼續悠游在這深海中。

什麼是真實，
什麼又是夢境？

愛的朗讀

什麼是真實，什麼又是夢境？
幻境中的枷鎖，一道道地被解開。
你眼中所看到的一切，
都是訊息、都是喚醒，
全都是你內在神聖之源的憶起。

你我並沒有不同，只是穿起了各自的戲服，
演起了各自想體驗的人生戲碼，如此而已。

尊卑？富貴貧窮？美醜？成功失敗？地位？名氣？

別演戲演得太用力了，愛恨情仇捨不得放下。
帶著開心去體驗那些，能讓你內心燃起生命的熱情與渴望的經歷！

一旦認出
每個人的本質

愛的朗讀

一旦認出每個人的本質，
以及每個事件的必要發生，
愛，便融化了生命的一切劇情。

因劇情所產生的情緒、批判，
也一一地被釋放、安撫、理解。

而寬恕，也不再需要，
因為全部早已被寬恕了。

真理不在遠方

即 席吟唱

真理不在遠方，
它就在你眼中望去的一切。

你的心，就是靜心的殿所，
而日常，就是你的修煉場。

開悟，
就在當下此刻，
你已經是。

我人生
最愛的時刻是

我人生最愛的時刻是，
我的手與你的手，五指緊緊握著：
在我們漫步的時候；
在我們一起同床入睡的時候；
在我們一起坐在沙發上，我的肩依偎著你的，
一起欣賞影片的時候。

我們的雙手緊握著，就這麼緊緊地握著，
雖然沒有任何言語，
但我們透過手的溫度與脈動，
傳達我們對彼此的愛意。
這種連結，
是我此生從未有過的，
是一種深深地，來自靈魂深處的憶起與愛意。

我的愛人～
我想就這麼地，
與你的雙手繼續，
緊緊握著，
再也不想放開。

你是我心房裡，
最甜蜜的愛

愛的朗讀

你是我心房裡，最甜蜜的愛。

每當你出現在我的視線時，
便抓住了我的心，
而我的目光只有你，
也只能追隨著你。
我的視線再也很難從你身上移開，
它彷彿是一個鉤子，甜甜又膩膩的鉤子，
從我的心，相連到你的心，
彼此映著，纏繞著，
不需要間隙，戀人之間不需要，
因為在戀人的世界裡，
連時間都不見了，
只有彼此相融，甜蜜的黏膩著。

唯有你，也唯有你能讓我，
像是從來沒有愛過任何人一樣地愛著。

當我們的身體結合時刻，
也是最神聖的時刻

愛的朗讀

當我們的身體結合時刻，也是最神聖的時刻。

全世界彷彿只剩下我們，
再也沒也任何事需要去煩惱，
也再也沒有任何人可以打擾我們。

你在我之內，我在你之中，
我們最終找到彼此，
為的是，在此刻整合為一，
並憶起我們的靈魂之愛。

對彼此的愛意，我們透過吻而確認，
並在肌膚的每一細微處，讓手輕輕地撫觸，
去傳達著，無數個日日夜夜，
對彼此渴望的真實情感。

兩人結合的時刻，是一個見證愛的時刻，
也是連結我們本質的時刻。

輕撫著床上的餘溫，
嗅著你的氣息

愛的朗讀

輕撫著床上的餘溫，嗅著你的氣息，
我想要回溫那些，
彷彿時空凝結、我們的相愛時刻。
你看著我的雙眼中，緩緩柔情，
眼神裡，盡是愛意。

我就這麼地，
被你滿是迷戀的愛，寵溺著。
你對我的痴迷，我極度享受，
而我能回報的是，唯有更深愛你。

我更就這麼地被你緊緊擁著，
親吻著全身每一處。
我們的愛戀如此地幻美如夢，
讓我捨不得從你身上離開，
完全不想離開，完全不想。

戀人間瀰漫的，總是那麼甜膩的空氣。
寧願入醉般地深陷其中，無法自拔，
對彼此愛的渴求，也彷彿無盡。

超多好康 超多好禮
拿不完

我們五味八珍的餐桌

名店名廚特製調理包，經過層層把關、
道道精選，五味八珍送上你的餐桌

五味八珍的餐桌
官方網站

現在就加入五
味八珍的餐桌
網站會員！超多
好康、會員限
定，我們只把
最好的留給你。

Facebook
五味八珍的餐桌

關注五味八珍
的餐桌粉絲團，
美味資訊搶先
看，分享你不
知道的料理相
關祕密。

Facebook
程安琪鮮拌味

程安琪老師鮮
拌味多變調理
包，讓你十分
鐘輕輕鬆鬆的
上一桌菜，不
加入你會後悔
唷。

限量
快手搶購

美食速遞訂購，
每期限量優惠
資訊下單處。

我們出版相關

三友圖書
官方網站

現在就加入三友圖書網站會員！每月新書搶先讀，會員好禮送不完，快來跟我們一起讀書吧。

Facebook
三友藝文空間

相關活動訊息粉絲團！讓你最新資訊不漏接，還會不定期舉辦各類小活動唷！

Facebook
橘子 / 旗林 / 四塊玉文創

新書專屬活動粉絲團！帶你掌握每月新書專屬活動導向，要關注我們唷。

Facebook
回味的記憶

烘焙料理相關粉絲團！獨家烘焙料理小知識都在這裡。

Facebook
陪伴您的時光

文學類書籍相關粉絲團！工作壓力大想看刺激的書，我們給你；想溫馨感動的書，我們這裡也有。我們一直都陪伴在你身邊。

Facebook
玩創達人愛手作

手工藝類相關粉絲團！國外流行的手作創意全在這裡，不用飛出國，你也能輕鬆學到。

三友圖書 歡迎作者投稿　　　投稿信箱 ｜ service@sanyau.com.tw
　　　　　　　　　　　　　　　　　　 sanyauac@gmail.com

熾愛如詩

88 則 ／ 對愛與生命 最真摯的告白

書　　名　熾愛如詩：88 則對愛與生命最真摯的告白
作　　者　李麗玉（Emerald Lee）
助理編輯　譽緻國際美學企業社・許雅容
美　　編　潘大智

發 行 人　程顯灝
總 編 輯　盧美娜
主　　編　莊旻嬑
發 行 部　侯莉莉
財 務 部　許麗娟
印　　務　許丁財
法律顧問　樸泰國際法律事務所許家華律師

藝文空間　三友藝文複合空間
地　　址　台北市大安區安和路二段 213 號 9 樓
電　　話　（02）2377-1163

出 版 者　四塊玉文創有限公司
總 代 理　三友圖書有限公司
地　　址　106 台北市安和路 2 段 213 號 9 樓
電　　話　（02）2377-4155、（02）2377-1163
傳　　真　（02）2377-4355、（02）2377-1213
E-mail　service@sanyau.com.tw
郵政劃撥　05844889 三友圖書有限公司

總 經 銷　大和書報圖書股份有限公司
地　　址　新北市新莊區五工五路 2 號
電　　話　（02）8990-2588
傳　　真　（02）2299-7900

初　　版　2022 年 07 月
定　　價　新臺幣 380 元
I S B N　978-626-7096-12-3（平裝）

國家圖書館出版品預行編目 (CIP) 資料

熾愛如詩：88 則對愛與生命最真摯的告白
/ 李麗玉 (Emerald Lee) 作 . -- 初版 . -- 臺
北市：四塊玉文創有限公司, 2022.07
　　面；　公分
ISBN 978-626-7096-12-3(平裝)

1.CST: 人生哲學

191.9　　　　　　　　　　111008917

三友官網

三友 Line@